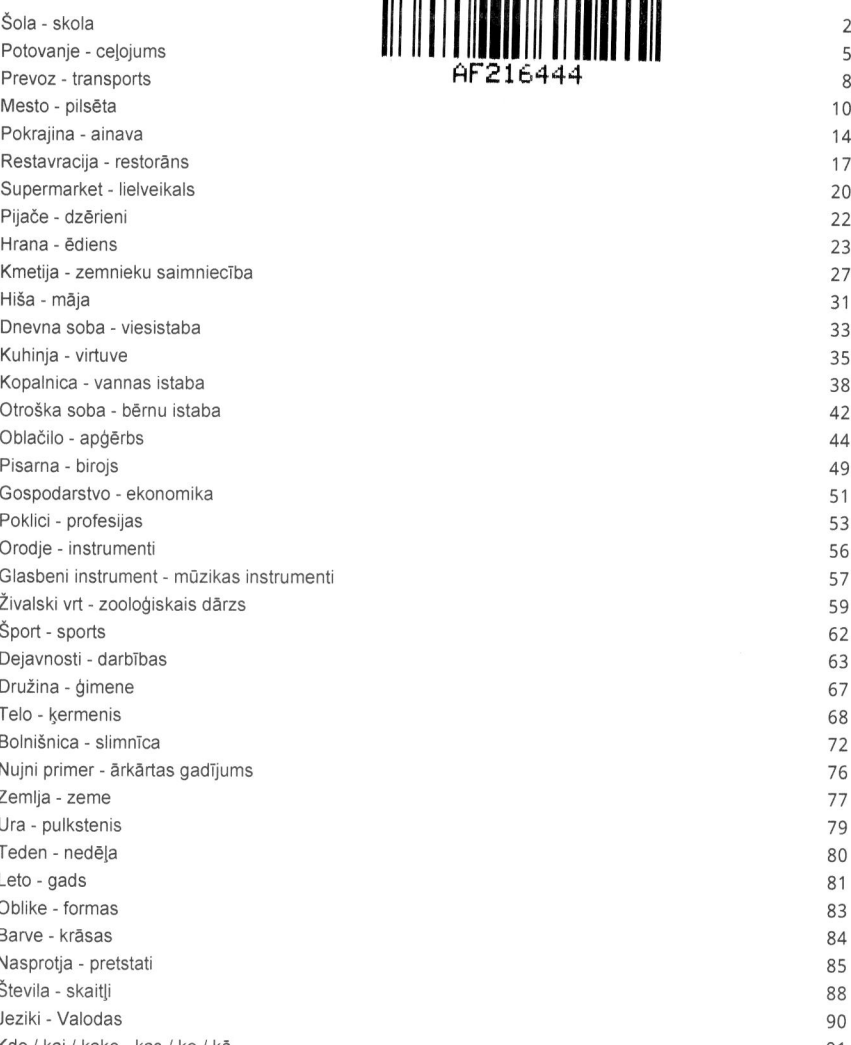

AF216444

Impressum
Verlag: BABADADA GmbH, Nedderfeld 112 , 22529 Hamburg
Geschäftsführer / Verlagsleitung: Harald Hof
Druck: Books on Demand GmbH, In de Tarpen 42, 22848 Norderstedt

Imprint
Publisher: BABADADA GmbH, Nedderfeld 112 , 22529 Hamburg, Germany
Managing Director / Publishing direction: Harald Hof
Print: Books on Demand GmbH, In de Tarpen 42, 22848 Norderstedt, Germany

Šola

skola

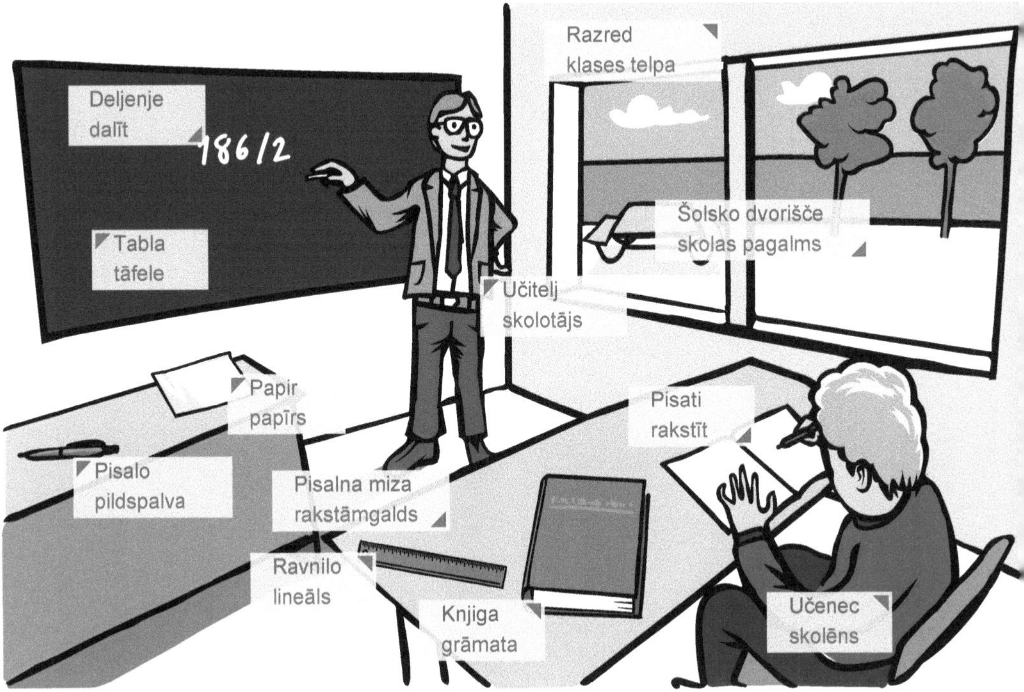
Razred
klases telpa
Deljenje
dalīt
186/2
Tabla
tāfele
Šolsko dvorišče
skolas pagalms
Učitelj
skolotājs
Papir
papīrs
Pisati
rakstīt
Pisalo
pildspalva
Pisalna miza
rakstāmgalds
Ravnilo
lineāls
Knjiga
grāmata
Učenec
skolēns

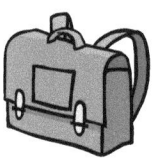

Šolska torba

skolas soma

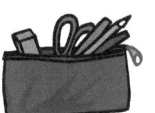

Peresnica

penālis

Svinčnik

zīmulis

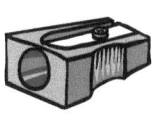

Šilček

zīmuļu asināmais

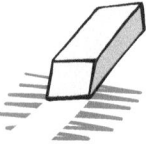

Radirka

dzēšgumija

Risalni blok

zīmēšanas bloks

Risba

zīmējums

Čopič

ota

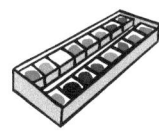

Vodene barvice

krāsas

Škarje

šķēres

Lepilo

līme

Zvezek

darba burtnīca

Domača naloga

mājas darbs

Število

skaitlis

2+2

Seštevanje

saskaitīt

5-2

Odštevanje

atņemt

2×2

Množenje

reizināt

Računanje

rēķināt

A

Črka

burts

ABCDEFG
HIJKLMN
OPQRSTU
VWXYZ

Abeceda

alfabēts

Beseda

vārds

Besedilo

teksts

Brati

lasīt

Kreda

krīts

Učna ura

mācību stunda

Redovalnica

žurnāls

Preizkus znanja

eksāmens

Spričevalo

liecība

Šolska uniforma

skolas forma

Izobrazba

izglītība

Enciklopedija

enciklopēdija

Univerza

universitāte

Mikroskop

mikroskops

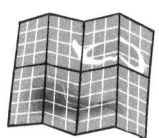

Zemljevid

karte

Koš za smeti

papīrgrozs

Potovanje
ceļojums

Hotel
viesnīca
Grand
Hostel
hostelis
ROOMS
EXCHANGE
Menjalnica
valūtas maiņas punkts
Kovček
čemodāns
Avtomobil
automašīna

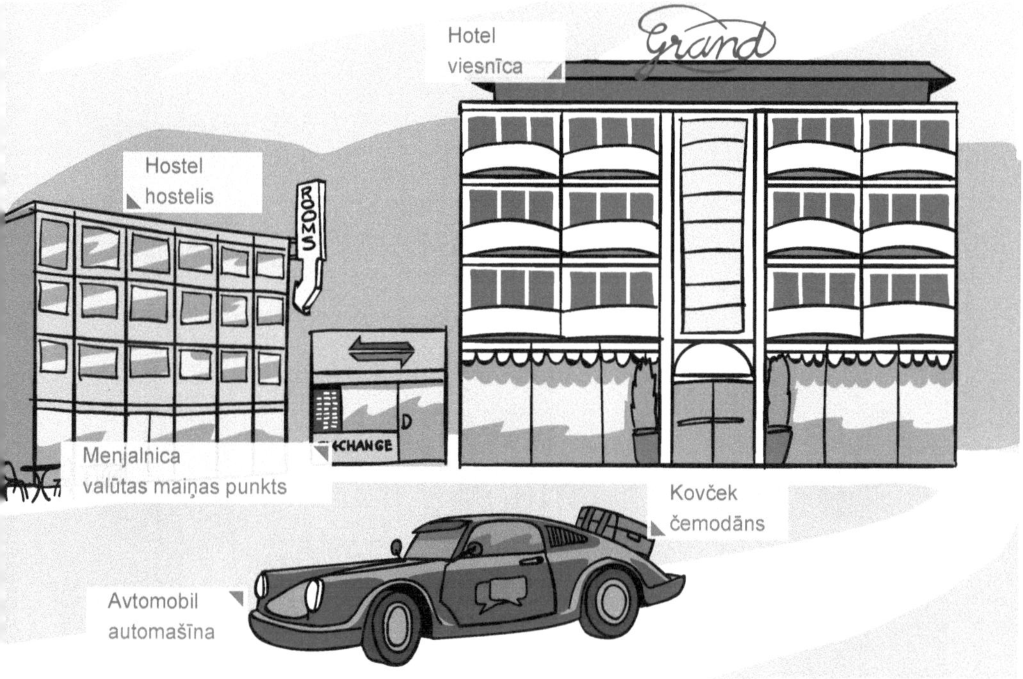

Jezik

Valoda

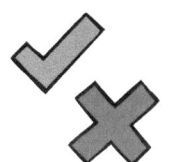

da / ne

jā / nē

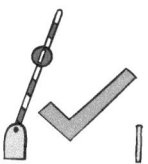

Prav

Okay

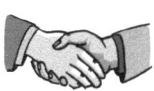

Pozdravljeni

Sveiki!

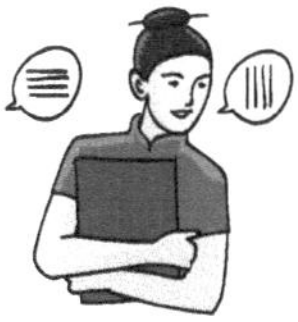

Prevajalec

tulks

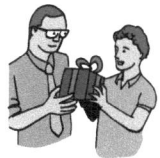

Hvala

paldies

Koliko stane...?

Cik maksā...?

Ne razumem

Es nesaprotu

Težava

problēma

Dober večer!

Labvakar!

Dobro jutro!

Labrīt!

Lahko noč!

Ar labu nakti!

Nasvidenje

Uz redzēšanos

Smer

virziens

Prtljaga

bagāža

Torba

soma

Nahrbtnik

mugursoma

Gost

viesis

Soba

istaba

Spalna vreča

guļammaiss

Šotor

telts

Turistične informacije

tūrisma informācija

Plaža

pludmale

Kreditna kartica

kredītkarte

Zajtrk

brokastis

Kosilo

pusdienas

Večerja

vakariņas

Vozovnica

biļete

Dvigalo

lifts

Znamka

pastmarka

Meja

robeža

Carina

muita

Veleposlaništvo

vēstniecība

Vizum

vīza

Potni list

pase

Prevoz
transports

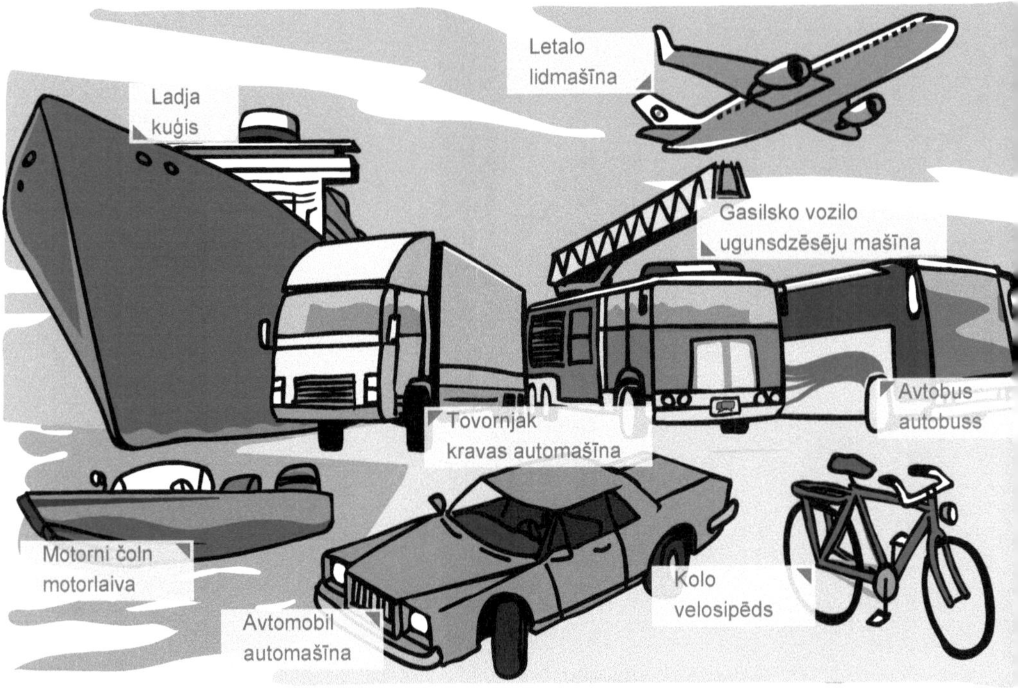
Letalo
lidmašīna
Ladja
kuģis
Gasilsko vozilo
ugunsdzēsēju mašīna
Avtobus
autobuss
Tovornjak
kravas automašīna
Motorni čoln
motorlaiva
Kolo
velosipēds
Avtomobil
automašīna

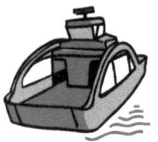

Trajekt

prāmis

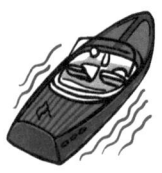

Čoln

laiva

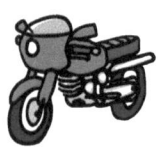

Motorno kolo

motocikls

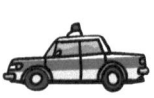

Policijski avto

policijas automašīna

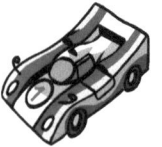

Dirkalni avto

sacīkšu automobilis

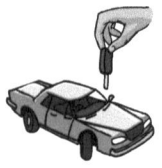

Najeto vozilo

nomas auto

Souporaba avtomobila

auto koplietošana

Avtovleka

evakuators

Smetarsko vozilo

atkritumu mašīna

Motor

dzinējs

Gorivo

benzīns

Bencinska postaja

degvielas uzpildes stacija

Prometni znak

ceļa zīme

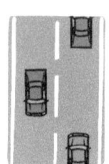

Promet

satiksme

Zastoj

sastrēgums

Parkirišče

stāvvieta

Železniška postaja

dzelzceļa stacija

Tirnice

sliedes

Vlak

vilciens

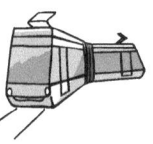

Tramvaj

tramvajs

Vagon

vagons

Helikopter

helikopters

Letališče

lidosta

Stolp

tornis

Potnik

pasažieris

Kontejner

konteiners

Karton

kaste

Voziček

ratiņi

Košara

grozs

vzleteti / pristati

pacelties / nosēsties

Mesto
pilsēta

Vas

ciems

Mestno jedro

pilsētas centrs

Hiša

māja

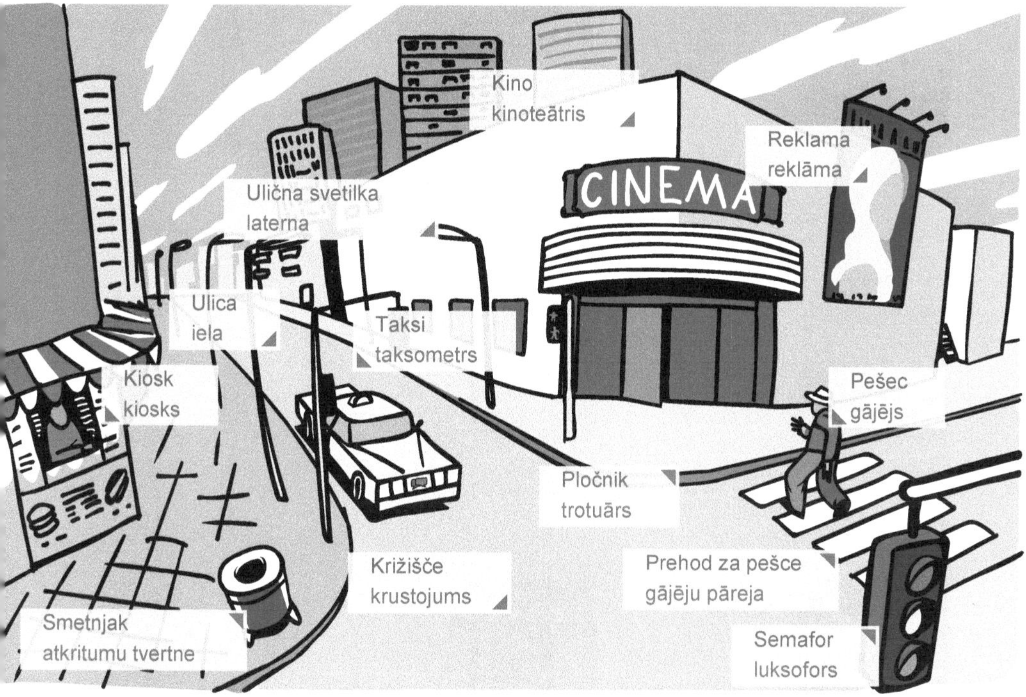

Kino
kinoteātris

Reklama
reklāma

Ulična svetilka
laterna

CINEMA

Ulica
iela

Taksi
taksometrs

Pešec
gājējs

Kiosk
kiosks

Pločnik
trotuārs

Križišče
krustojums

Prehod za pešce
gājēju pāreja

Smetnjak
atkritumu tvertne

Semafor
luksofors

Koča
....
būda

Stanovanje
....
dzīvoklis

Železniška postaja
....
dzelzceļa stacija

Mestna hiša
....
rātsnams

Muzej
....
muzejs

Šola
....
skola

Univerza

universitāte

Banka

banka

Bolnišnica

slimnīca

Hotel

viesnīca

Lekarna

aptieka

Pisarna

birojs

Knjigarna

grāmatnīca

Trgovina

veikals

Cvetličarna

ziedu veikals

Supermarket

lielveikals

Tržnica

tirgus

Veleblagovnica

tirdzniecības centrs

Ribarnica

zivju tirgotājs

Nakupovalno središče

tirdzniecības centrs

Pristanišče

osta

Park

parks

Klop

sols

Most

tilts

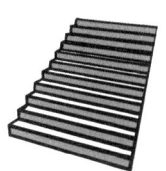

Stopnice

kāpnes

Podzemna železnica

metro

Predor

tunelis

Avtobusno postajališče

autobusa pieturvieta

Bar

bārs

Restavracija

restorāns

Poštni nabiralnik

pastkastīte

Ulična tabla

ielas nosaukuma plāksne

Parkirna ura

stāvlaika skaitītājs

Živalski vrt

zooloģiskais dārzs

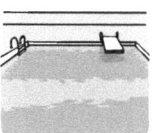

Kopališče

peldbaseins

Mošeja

mošeja

Kmetija
....
zemnieku saimniecība

Onesnaževanje
....
vides piesārņojums

Pokopališče
....
kapsēta

Cerkev
....
baznīca

Otroško igrišče
....
spēļu laukums

Tempelj
....
templis

Pokrajina
ainava

List
lapa

Kažipot
ceļrādis

Pot
ceļš

Travnik
pļava

Kamen
akmens

Drevo
koks

Pohodnik
ceļotājs

Reka
upe

Trava
zāle

Cvetlica
puķe

Dolina

ieleja

Hrib

kalns

Jezero

ezers

Gozd

mežs

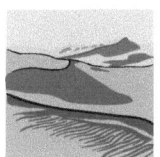

Puščava

tuksnesis

Vulkan

vulkāns

Grad

pils

Mavrica

varavīksne

Goba

sēne

Palma

palma

Komar

moskīts

Muha

muša

Mravlja

skudra

Čebela

bite

Pajek

zirneklis

Hrošč

vabole

Žaba

varde

Veverica

vāvere

Jež

ezis

Zajec

zaķis

Sova

pūce

Ptič

putns

Labod

gulbis

Divji prašič

meža cūka

Jelen

briedis

Los

alnis

Jez

aizsprosts

Vetrnica

vēja ģenerators

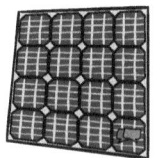

Solarna plošča

saules baterija

Podnebje

klimats

Restavracija
restorāns

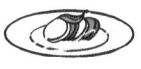

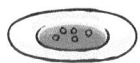

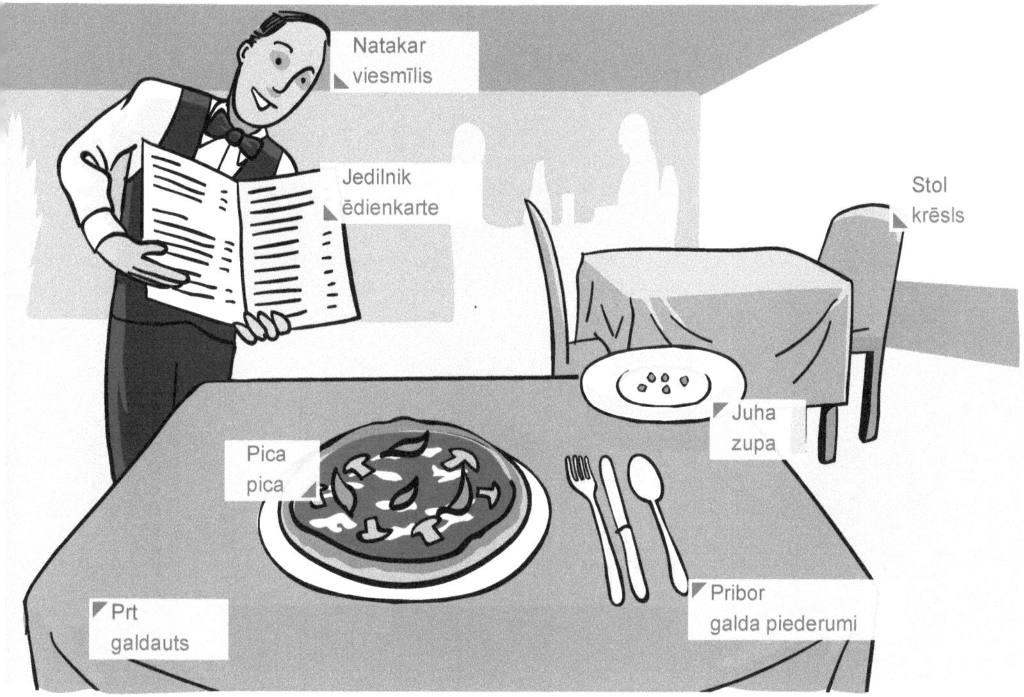
Natakar
viesmīlis
Jedilnik
ēdienkarte
Stol
krēsls
Juha
zupa
Pica
pica
Prt
galdauts
Pribor
galda piederumi

Predjed
uzkoda

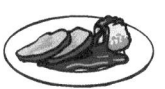

Glavna jed
pamatēdiens

Sladica
deserts

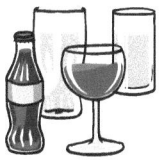

Pijače
dzērieni

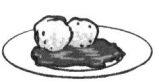

Hrana
ēdiens

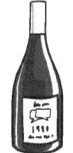

Steklenica
pudele

Hitra hrana

ātrās uzkodas

Ulična hrana

ielu uzkodas

Čajnik

tējkanna

Sladkornica

cukurtrauks

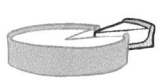

Porcija

porcija

Aparat za espresso

espresso kafijas automāts

Stolček za hranjenje

bāra krēsls

Račun

rēķins

Pladenj

paplāte

Nož

nazis

Vilica

dakša

Žlica

karote

Čajna žlička

tējkarote

Servieta

salvete

Kozarec

glāze

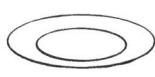

Krožnik

šķīvis

Globoki krožnik

zupas šķīvis

Krožniček

apakštase

Omaka

mērce

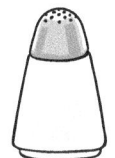

Solnica

sāls trauciņš

Mlinček za poper

piparu dzirnaviņas

Kis

etiķis

Olje

eļļa

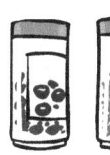

Začimbe

garšvielas

Kečap

kečups

Gorčica

sinepes

Majoneza

majonēze

Supermarket
lielveikals

Posebna ponudba
piedāvājums
FOR
Stranka
klients
Mlečni izdelki
piena produkti
Sadje
augļi
Nakupovalni voziček
iepirkumu ratiņi

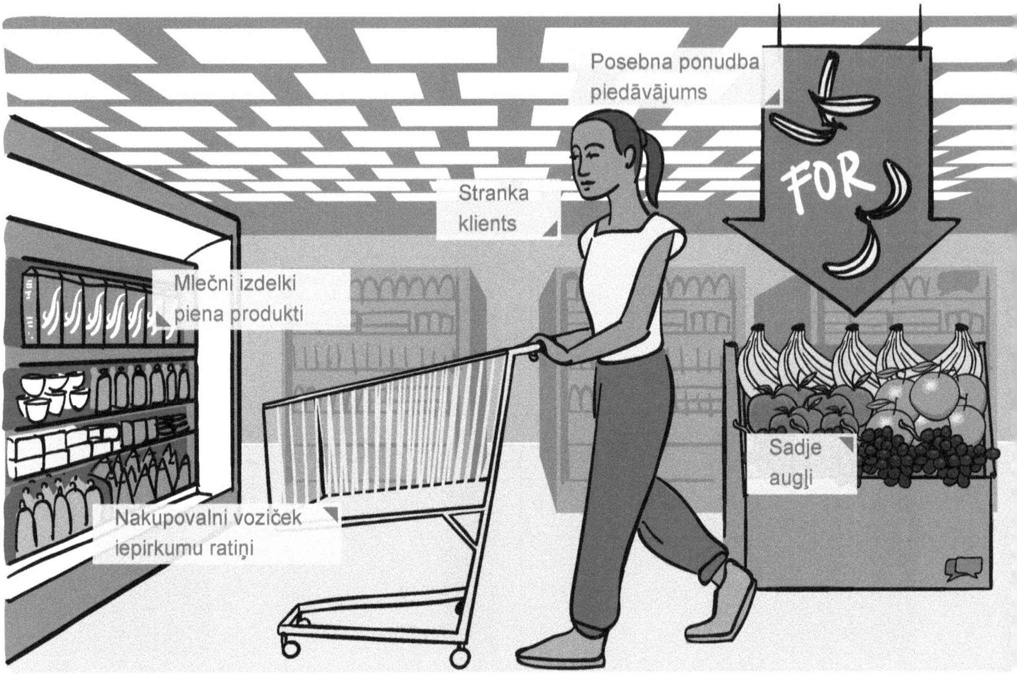

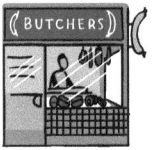

BUTCHERS

Mesnica

kautuve

BAKERY

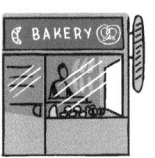

Pekarna

maizes veikals

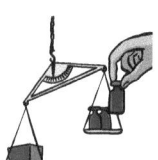

Tehtati

svērt

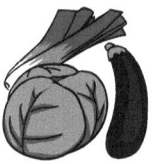

Zelenjava

dārzeņi

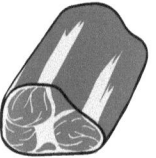

Meso

gaļa

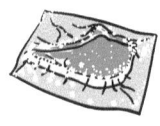

Zamrznjena hrana

saldēti produkti

Hladne mesnine

aukstās gaļas uzkodas

Konzerve

konservi

Pralni prašek

pulveris

Sladkarije

saldumi

Gospodinjski izdelki

mājsaimniecības preces

Čistilno sredstvo

tīrīšanas līdzeklis

Prodajalka

pārdevēja

Blagajna

kase

Blagajnik

kasieris

Nakupovalni seznam

iepirkumu saraksts

Delovni čas

darba laiks

Denarnica

maks

Kreditna kartica

kredītkarte

Torba

soma

Plastična vrečka

maisiņš

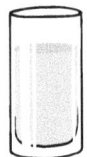

Voda

ūdens

Sok

sula

Mleko

piens

Kola

kola

Vino

vīns

Pivo

alus

Alkohol

alkohols

Kakav

kakao

Čaj

tēja

Kava

kafija

Espresso

espresso

Kapučino

kapučīno

Banana

banāns

Jabolko

ābols

Pomaranča

apelsīns

Lubenica

melone

Limona

citrons

Korenje

burkāns

Česen

ķiploks

Bambus

bambuss

Čebula

sīpols

Goba

sēne

Oreščki

rieksti

Rezanci

makaroni

Špageti

spageti

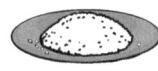

Riž

rīsi

Solata

salāti

Ocvrt krompirček

frī kartupeļi

Pečen krompir

cepti kartupeļi

Pica

pica

Hamburger

hamburgers

Sendvič

sviestmaize

Zrezek

šnicele

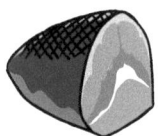

Šunka

šķiņķis

Salama

salami

Klobasa

desa

Piščanec

vista

Pečenka

cepetis

Riba

zivs

Ovseni kosmiči

auzu pārslas

Musli

muslis

Koruzni kosmiči

brokastu pārslas

Moka

milti

Rogljiček

radziņš

Žemlja

brokastu maizītes

Kruh

maize

Prepečenec

tostermaize

Piškoti

cepumi

Maslo

sviests

Skuta

biezpiens

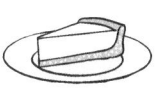

Torta

kūka

Jajce

ola

Pečeno jajce na oko

cepta ola

Sir

siers

Sladoled

saldējums

Sladkor

cukurs

Med

medus

Marmelada

marmelāde

Čokoladni namaz

riekstu krēms

Kari

karijs

Kmetija
zemnieku saimniecība

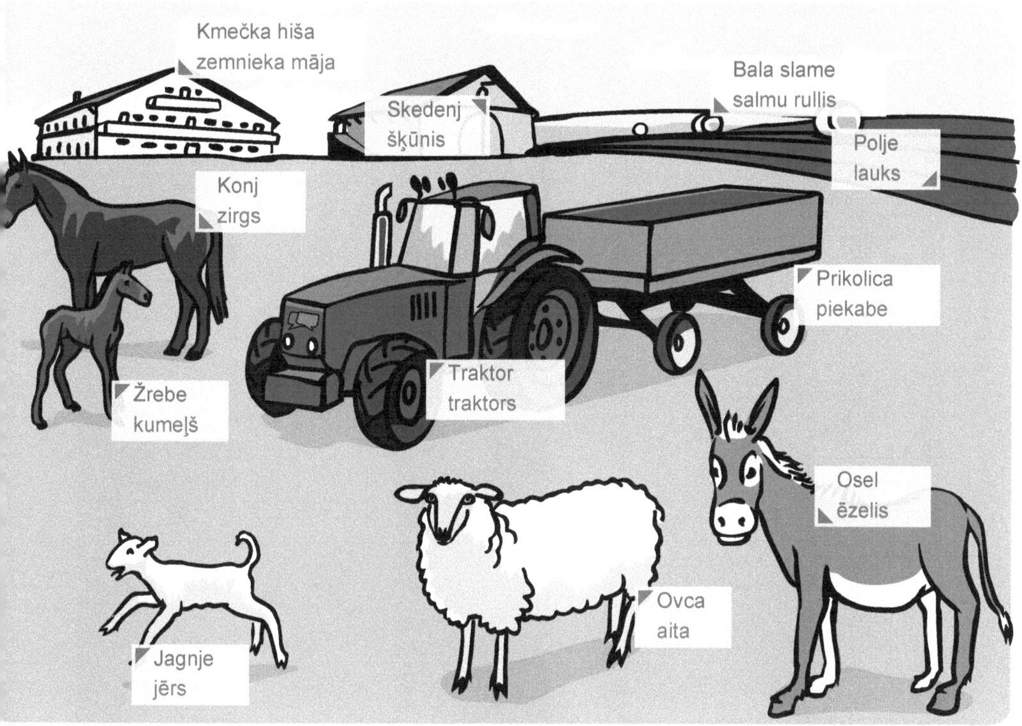
Kmečka hiša
zemnieka māja
Skedenj
šķūnis
Bala slame
salmu rullis
Polje
lauks
Konj
zirgs
Prikolica
piekabe
Traktor
traktors
Žrebe
kumeļš
Osel
ēzelis
Ovca
aita
Jagnje
jērs

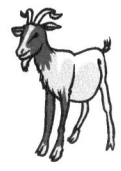

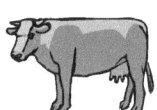

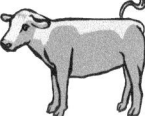

Koza

kaza

Krava

govs

Tele

teļš

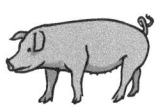

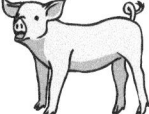

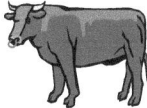

Prašič

cūka

Pujsek

sivēns

Bik

bullis

Gos

zoss

Raca

pīle

Piščanec

cālis

Kokoš

vista

Petelin

gailis

Podgana

žurka

Mačka

kaķis

Miš

pele

Vol

vērsis

Pes

suns

Pasja uta

suņa būda

Cev za zalivanje

dārza šļūtene

Kangla za zalivanje

lejkanna

Kosa

izkapts

Plug

arkls

Srp
....
sirpis

Motika
....
kaplis

Vile
....
mēslu dakša

Sekira
....
cirvis

Samokolnica
....
ķerra

Korito
....
sile

Kangla za mleko
....
piena kanna

Vreča
....
maiss

Ograja
....
žogs

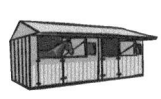

Hlev
....
kūts

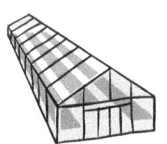

Rastlinjak
....
siltumnīca

Prst
....
augsne

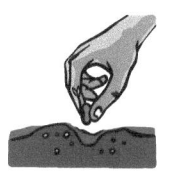

Seme
....
sēklas

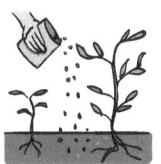

Gnojilo
....
mēslojums

Kombajn
....
kombains

Žeti

novākt ražu

Žetev

raža

Jam

jamss

Pšenica

kvieši

Soja

soja

Krompir

kartupelis

Koruza

kukurūza

Oljna ogrščica

rapsis

Sadno drevo

augļu koks

Maniok

manioka

Žito

labība

Hiša
māja

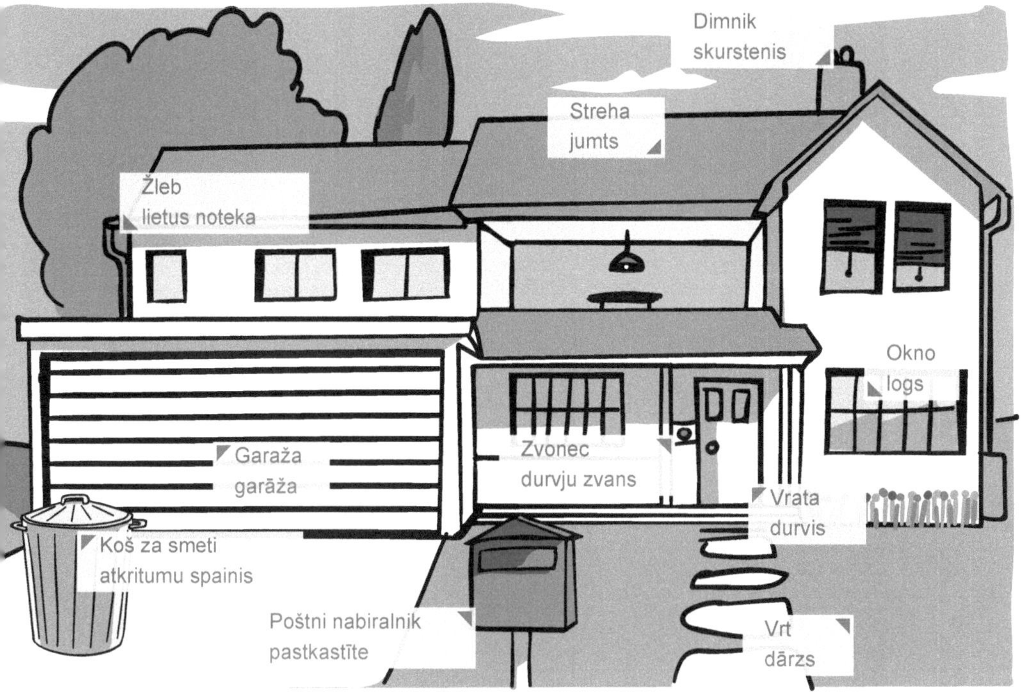

Dimnik
skurstenis
Streha
jumts
Žleb
lietus noteka
Okno
logs
Garaža
garāža
Zvonec
durvju zvans
Vrata
durvis
Koš za smeti
atkritumu spainis
Poštni nabiralnik
pastkastīte
Vrt
dārzs

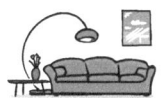

Dnevna soba

viesistaba

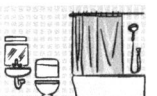

Kopalnica

vannas istaba

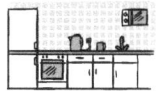

Kuhinja

virtuve

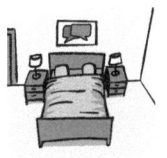

Spalnica

guļamistaba

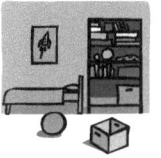

Otroška soba

bērnu istaba

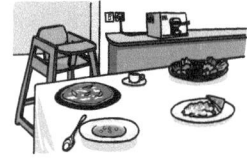

Jedilnica

ēdamistaba

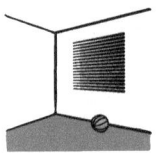

Tla

grīda

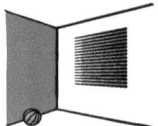

Stena

siena

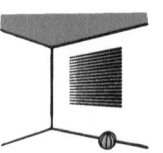

Strop

griesti

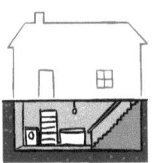

Klet

pagrabs

Savna

sauna

Balkon

balkons

Terasa

terase

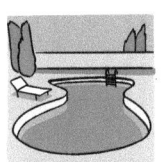

Bazen

baseins

Kosilnica

zāles pļāvējs

Rjuha

gultas veļa

Posteljno pregrinjalo

sega

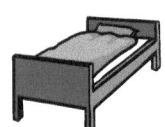

Postelja

gulta

Metla

slota

Vedro

spainis

Stikalo

slēdzis

Dnevna soba
viesistaba

Tapeta
tapetes
Slika
attēls
Svetilka
lampa
Polica
plaukts
Omara
skapis
Televizor
televizors
Kamin
kamīns
Cvetlica
puķe
Blazina
spilvens
Zofa
dīvāns
Vaza
vāze
Daljinski upravljalnik
tālvadības pults

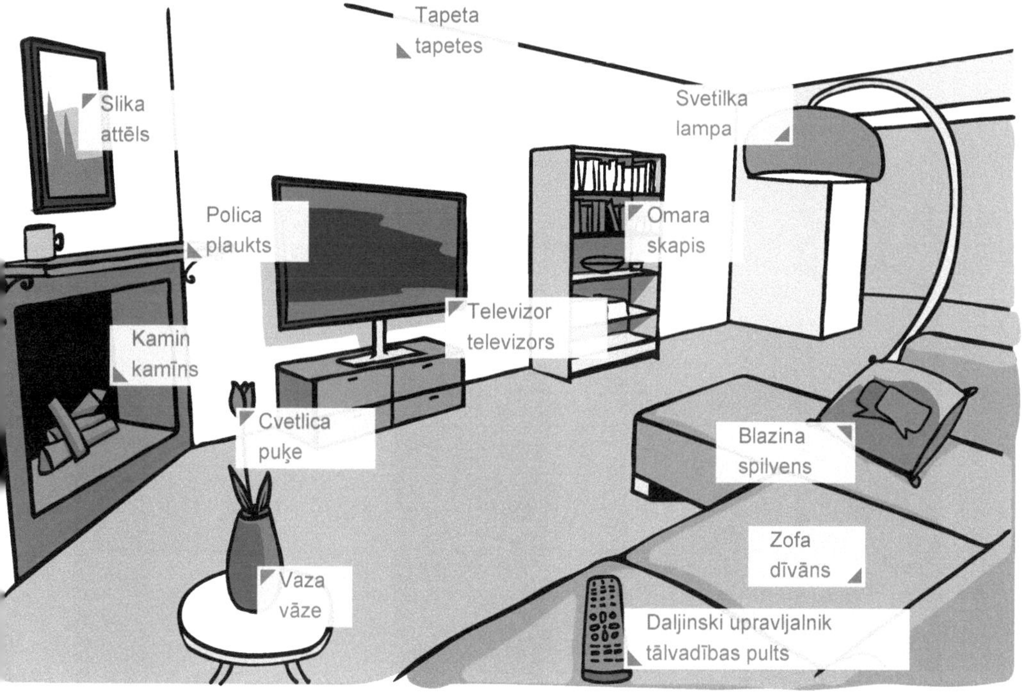

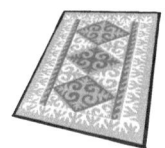

Preproga
....
paklājs

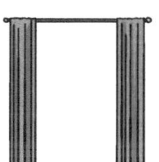

Zavesa
....
aizkars

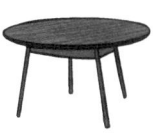

Miza
....
galds

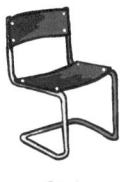

Stol
....
krēsls

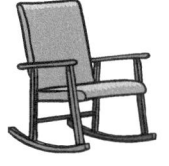

Gugalnik
....
šūpuļkrēsls

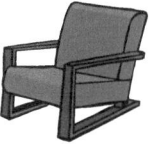

Naslanjač
....
atpūtas krēsls

Knjiga
grāmata

Odeja
sega

Dekoracija
dekorācija

Drva
malka

Film
filma

Glasbeni stolp
mūzikas centrs

Ključ
atslēga

Časopis
avīze

Slika
glezna

Plakat
plakāts

Radio
radio

Beležka
pierakstu blociņš

Sesalnik
putekļu sūcējs

Kaktus
kaktuss

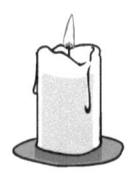

Sveča
svece

Kuhinja
virtuve

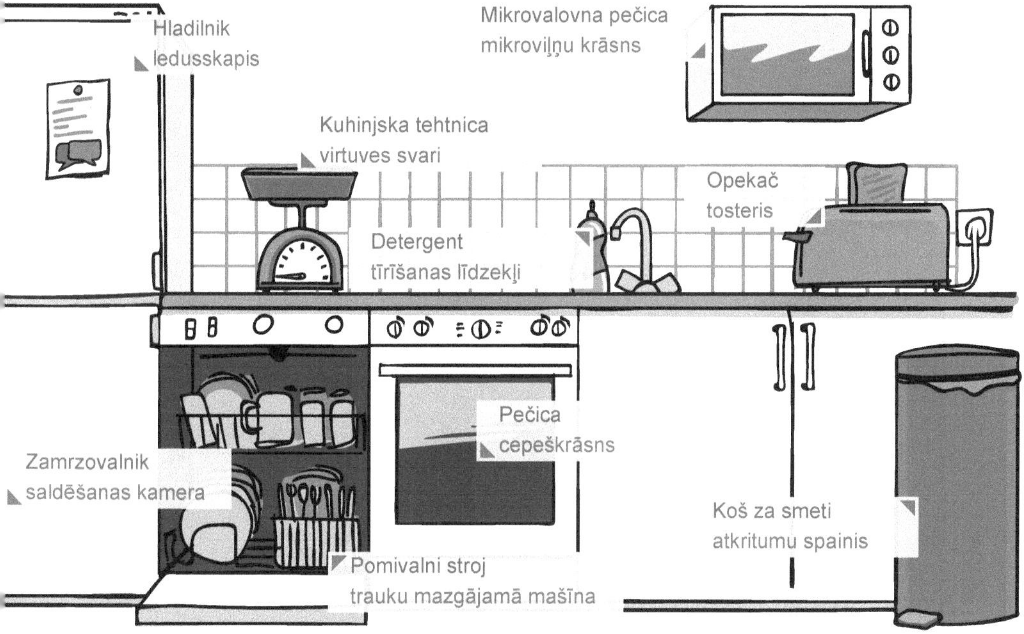
Hladilnik
ledusskapis
Mikrovalovna pečica
mikroviļņu krāsns
Kuhinjska tehtnica
virtuves svari
Opekač
tosteris
Detergent
tīrīšanas līdzekļi
Pečica
cepeškrāsns
Zamrzovalnik
saldēšanas kamera
Koš za smeti
atkritumu spainis
Pomivalni stroj
trauku mazgājamā mašīna

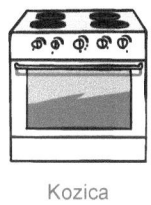

Kozica

plīts

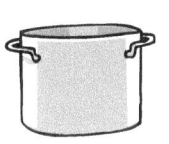

Lonec

pods

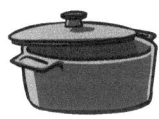

Litoželezni lonec

katls

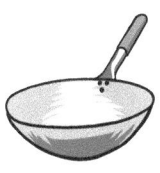

Vok / kadai

Wok panna

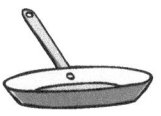

Ponev

panna

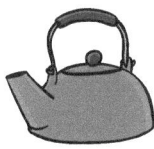

Kotliček

elektriskā tējkanna

Parni kuhalnik

tvaika katls

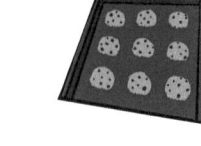

Pekač

cepešpanna

Posoda

trauki

Skodelica

krūze

Skleda

bļoda

Jedilne paličice

irbulīši

Zajemalka

kauss

Lopatica

lāpstiņa

Metlica

putošanas slotiņa

Cedilnik

sietiņš

Cedilo

siets

Strgalo

rīve

Možnar

piesta

Žar

grilēt

Ognjišče

atklāts pavards

Deska za rezanje

dēlis

Valjar

mīklas rullis

Odpirač za steklenice

korķu vilķis

Pločevinka

bundža

Odpirač za konzerve

konservu nazis

Prijemalka za posodo

virtuves cimdi

Korito

izlietne

Ščetka

birste

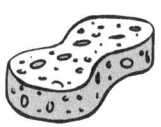

Goba

sūklis

Mešalnik

mikseris

Zamrzovalna skrinja

saldētava

Steklenička

bērna pudelīte

Pipa

ūdenskrāns

Kopalnica
vannas istaba

Ogrevanje
apkure
Brisača
dvielis
Prha
duša
Zavesa za prho
dušas aizkari
Peneča kopel
vannas putas
Kopalna kad
vanna
Pralni stroj
veļas mašīna
Kozarec
glāze
Pipa
ūdenskrāns
Ploščice
flīzes
Kahlica
podiņš
Korito
izlietne

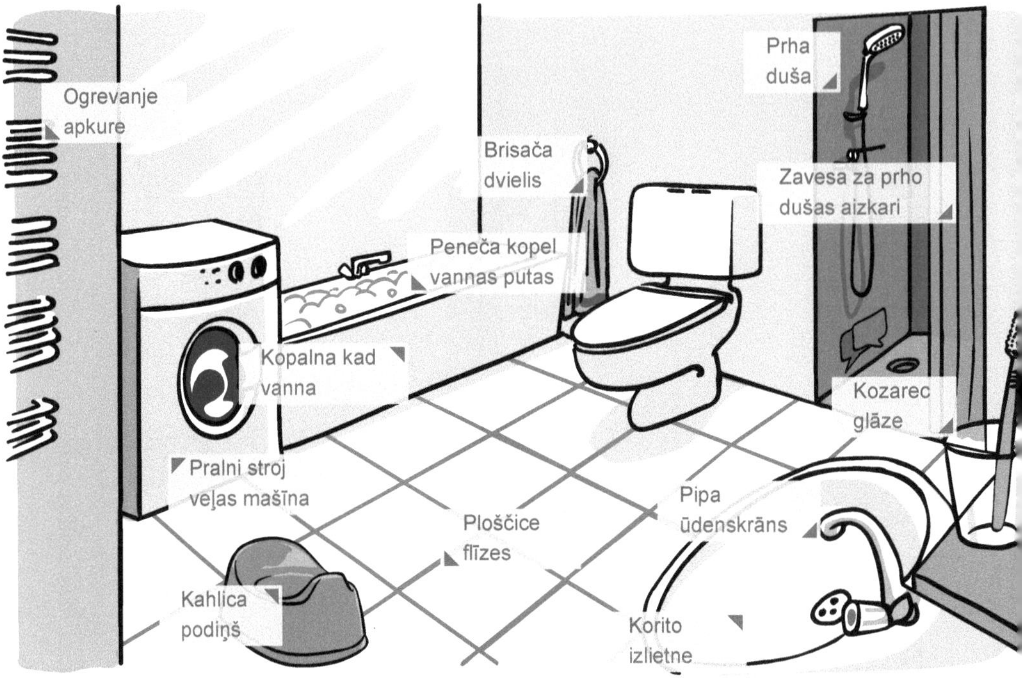

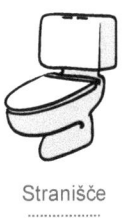

Stranišče
tualetes pods

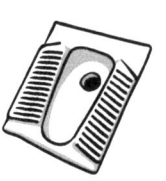

Stranišče na počep
Āzijas tipa tualete

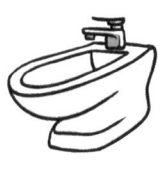

Bide
bidē

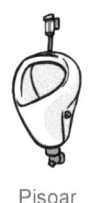

Pisoar
pisuārs

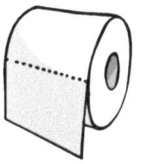

Toaletni papir
tualetes papīs

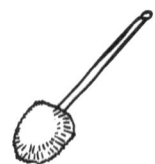

Ščetka za straniščno školjko
tualetes birste

Zobna ščetka

zobu birste

Zobna pasta

zobu pasta

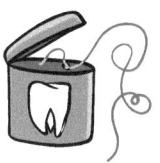

Zobna nitka

zobu diegs

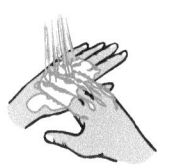

Umiti se

mazgāt

Ročna prha

rokas duša

Prha za intimne dele

duša

Umivalnik

bļoda

Krtača za hrbet

muguras mazgāšanas birste

Milo

ziepes

Gel za prhanje

dušas želeja

Šampon

šampūns

Krpica za miljenje

mazgāšanas drāna

Odtok

noteka

Krema

krēms

Deodorant

dezodorants

Ogledalo	Ročno ogledalo	Britvica
spogulis	spogulītis	skuveklis

Pena za britje	Vodica po britju	Glavnik
skūšanās putas	losjons pēc skūšanās	ķemme

Ščetka	Sušilnik za lase	Lak za lase
matu suka	matu fēns	matu laka

Ličila	Šminka	Lak za nohte
grima komplekts	lūpu krāsa	nagulaka

Vatirane blazinice	Škarjice za nohte	Parfum
vate	šķērītis	smaržas

Toaletna torbica

kosmētikas maks

Stol brez naslonjala

ķeblītis

Osebna tehtnica

svari

Kopalni plašč

halāts

Gumijaste rokavice

tīrīšanas cimdi

Tampon

tampons

Damski vložki

pakete

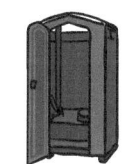

Kemično stranišče

ķīmiskā tualete

Otroška soba

bērnu istaba

Budilka
modinātājs
Plišasta igrača
mīkstā rotaļlieta
Avtomobilček
spēļu automašīna
Ropotuljica
grabulis
Hiška za punčke
leļļu māja
Darilo
dāvana

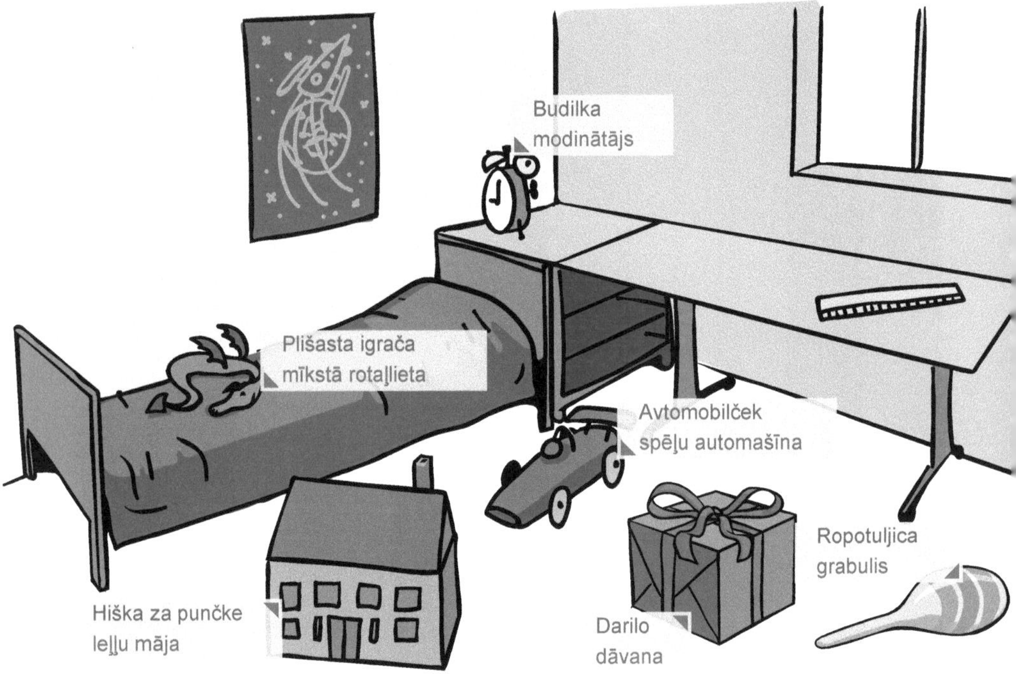

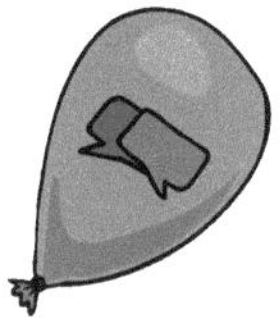

Balon
balons

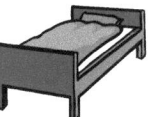

Postelja
gulta

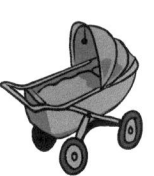

Otroški voziček
bērnu ratiņi

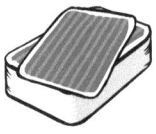

Igralne karte
kārtis

Sestavljanka
puzle

SUPER
MEGA

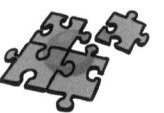

Strip
komikss

Lego kocke

LEGO klucīši

Igralne kocke

klucīši

Akcijska figura

varoņu figūra

Bodi

rāpulītis

Frizbi

lidojošais šķīvītis

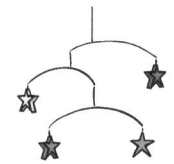

Vrtiljak za posteljico

muzikālais karuselis

Namizna igra

galda spēle

Kocka

metamais kauliņš

Komplet modelov vlakov

rotaļu dzelzceļš

Duda

māneklis

Zabava

ballīte

Slikanica

bilžu grāmata

Žoga

bumba

Lutka

lelle

Igrati se

spēlēt

Peskovnik

smilšu kaste

Gugalnica

šūpoles

Igrače

rotaļlietas

Igralna konzola

spēļu konsole

Tricikel

trīsritenis

Plišasti medvedek

plīša lācītis

Garderoba

drēbju skapis

Oblačilo

apģērbs

Nogavice

īszeķes

Samostoječe nogavice

zeķes

Hlačne nogavice

zeķbikses

Šal
šalle

Dežnik
lietussargs

Pas
siksna

Majica s kratkimi rokavi
T-krekls

Športni copati
botas

Škornji
zābaks

Copati
čības

Sandali
....
sandales

Čevlji
....
kurpes

Gumijasti škornji
....
gumijas zābaki

Spodnje hlače
....
apakšbikses

Modrček
....
krūšturis

Telovnik
....
apakškrekls

Oblačilo - apģērbs   45

Bodi
bodijs

Hlače
bikses

Kavbojke
džinsi

Krilo
svārki

Bluza
blūze

Srajca
krekls

Pulover
pulovers

Pletena jopica
džemperis

Jopa
žakete

Jakna
jaka

Plašč
mētelis

Dežni plašč
lietus mētelis

Kostim
kostīms

Obleka
kleita

Poročna obleka
kāzu kleita

Obleka
....
uzvalks

Spalna srajca
....
naktskrekls

Pižama
....
pidžama

Sari
....
sari

Naglavna ruta
....
lakats

Turban
....
turbāns

Burka
....
burka

Kaftan
....
kaftāns

Abaja
....
abaja

Kopalke
....
peldkostīms

Kopalne hlače
....
peldbikses

Kratke hlače
....
šorti

Trenirka
....
treniņtērps

Predpasnik
....
priekšauts

Rokavice
....
cimdi

Gumb
....
poga

Očala
....
brilles

Zapestnica
....
rokassprādze

Verižica
....
kaklarota

Prstan
....
gredzens

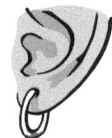

Uhan
....
auskars

Kapa
....
cepure

Obešalnik
....
drēbju pakaramais

Klobuk
....
platmale

Kravata
....
kaklasaite

Zadrga
....
rāvējslēdzējs

Čelada
....
ķivere

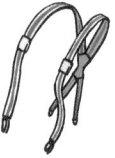

Naramnice
....
bikšturi

Šolska uniforma
....
skolas forma

Uniforma
....
uniforma

Slinček
....
priekšautiņš

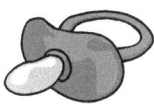

Duda
....
māneklis

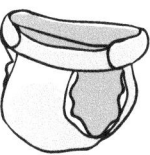

Plenica
....
autiņbiksītes

Pisarna
birojs

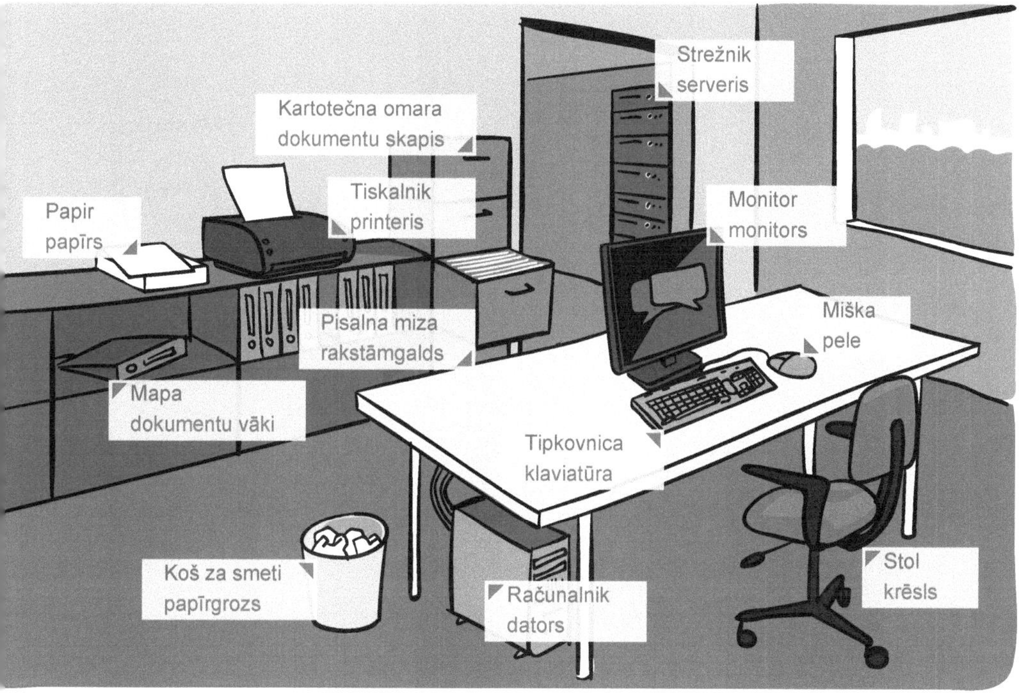

Strežnik
serveris

Kartotečna omara
dokumentu skapis

Tiskalnik
printeris

Papir
papīrs

Monitor
monitors

Pisalna miza
rakstāmgalds

Miška
pele

Mapa
dokumentu vāki

Tipkovnica
klaviatūra

Koš za smeti
papīrgrozs

Stol
krēsls

Računalnik
dators

Lonček za kavo
....
kafijas krūze

Kalkulator
....
kalkulators

Internet
....
internets

Prenosnik

portatīvais dators

Pismo

vēstule

Sporočilo

ziņa

Mobilnik

mobilais tālrunis

Omrežje

tīkls

Kopirni stroj

kopētājs

Programska oprema

programmatūra

Telefon

telefons

Vtičnica

rozete

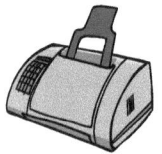

Telefaks

faksa aparāts

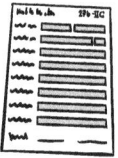

Obrazec

formulārs

Dokument

dokuments

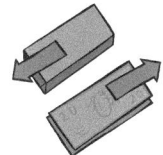

Kupiti

pirkt

Plačati

samaksāt

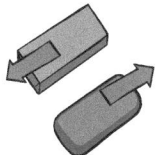

Trgovati

tirgot

Denar

nauda

Dolar

dolārs

Evro

eiro

Jen

jēna

Rubelj

rublis

Švičarski frank

franks

Kitajski juan renminbi

juaŋa renminbi

Rupija

rūpija

Bankomat

bankomāts

Menjalnica

valūtas maiņas punkts

Zlato

zelts

Srebro

sudrabs

Nafta

nafta

Energija

enerģija

Cena

cena

Pogodba

līgums

Davek

nodoklis

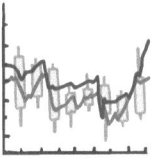

Delnice

akcija

Delati

strādāt

Delojemalec

darbinieks

Delodajalec

darba devējs

Tovarna

fabrika

Trgovina

veikals

Poklici
profesijas

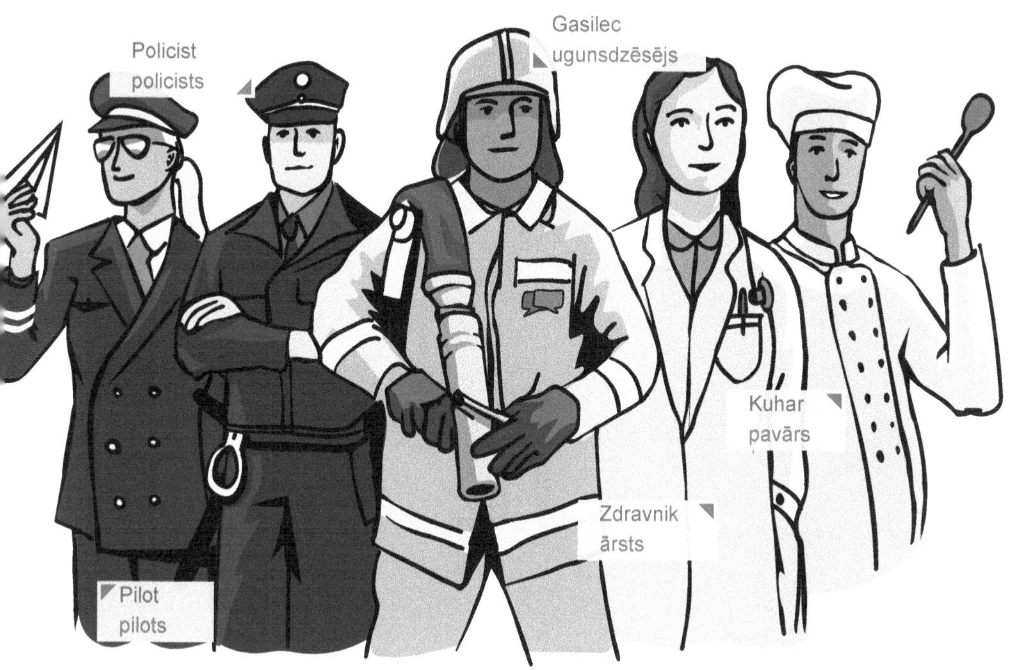
Policist
policists
Gasilec
ugunsdzēsējs
Kuhar
pavārs
Zdravnik
ārsts
Pilot
pilots

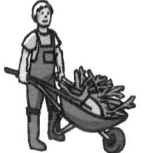

Vrtnar

dārznieks

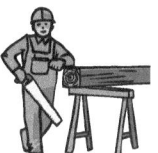

Mizar

galdnieks

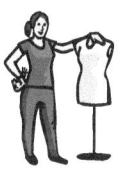

Šivilja

šuvēja

Sodnik

tiesnesis

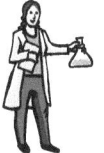

Kemik

ķīmiķis

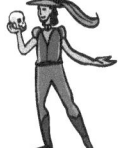

Igralec

aktieris

Voznik avtobusa

autobusa vadītājs

Taksist

taksometra vadītājs

Ribič

zvejnieks

Čistilka

apkopēja

Krovec

jumiķis

Natakar

viesmīlis

Lovec

mednieks

Pleskar

gleznotājs

Pek

maiznieks

Električar

elektriķis

Gradbenik

celtnieks

Inženir

inženieris

Mesar

miesnieks

Vodovodni inštalater

skārdnieks

Poštar

pastnieks

Vojak

karavīrs

Arhitekt

arhitekts

Blagajnik

kasieris

Cvetličar

florists

Frizer

frizieris

Sprevodnik

konduktors

Mehanik

mehāniķis

Kapitan

kapteinis

Zobozdravnik

zobārsts

Znanstvenik

zinātnieks

Rabin

rabīns

Imam

imāms

Menih

mūks

Duhovnik

mācītājs

Orodje
instrumenti

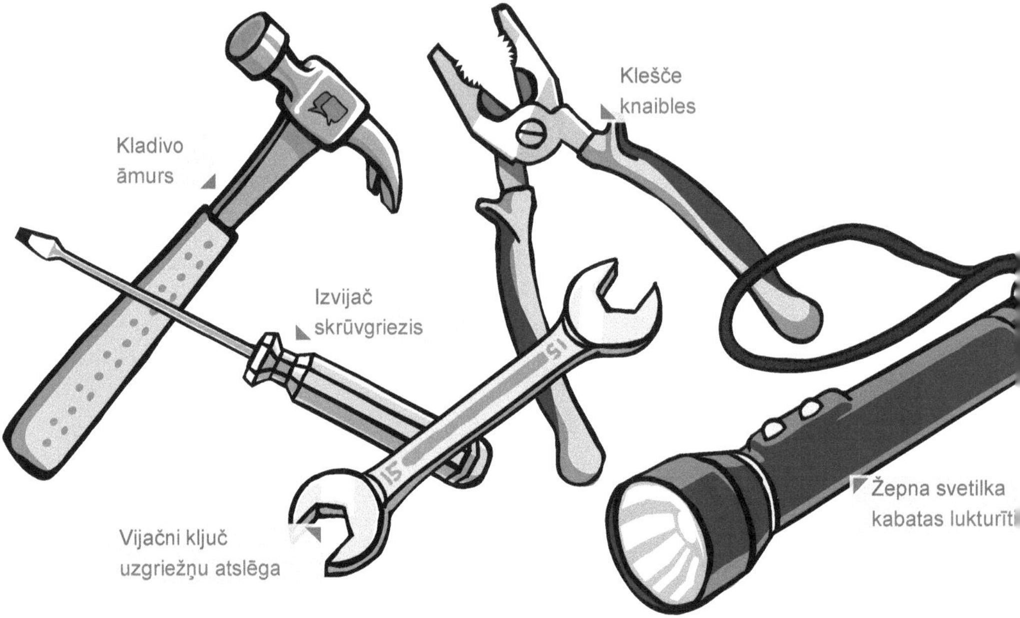

Kladivo
āmurs
Klešče
knaibles
Izvijač
skrūvgriezis
Vijačni ključ
uzgriežņu atslēga
Žepna svetilka
kabatas lukturīti

Bager

ekskavators

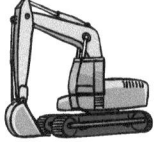

Zaboj z orodjem

instrumentu kaste

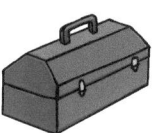

Lestev

kāpnes

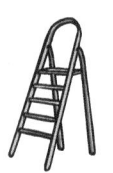

Žaga

zāģis

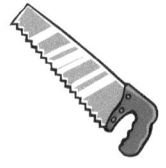

Žeblji

naglas

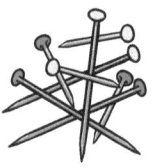

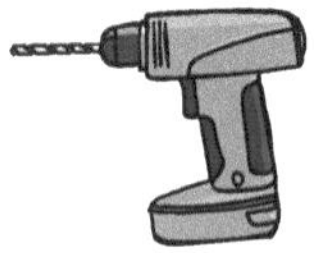

Vrtalnik

urbis

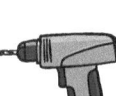

Popraviti

remontēt

Lopata

lāpsta

Šment!

Velns!

Smetišnica

liekšķere

Posoda z barvo

krāsas bundža

Vijaki

skrūves

Glasbeni instrument

mūzikas instrumenti

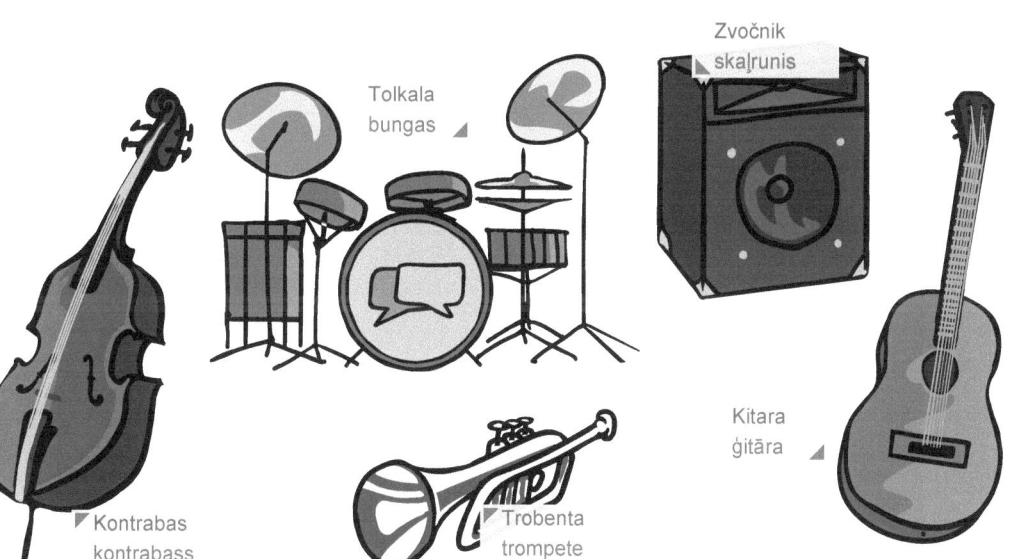

Zvočnik
skaļrunis

Tolkala
bungas ◢

Kontrabas
kontrabass

Trobenta
trompete

Kitara
ģitāra ◢

Klavir

klavieres

Violina

vijole

Bas kitara

bass

Pavke

timpāni

Bobni

bungas

Sintetizator

digitālās klavieres

Saksofon

saksofons

Flavta

flauta

Mikrofon

mikrofons

Živalski vrt
zooloģiskais dārzs

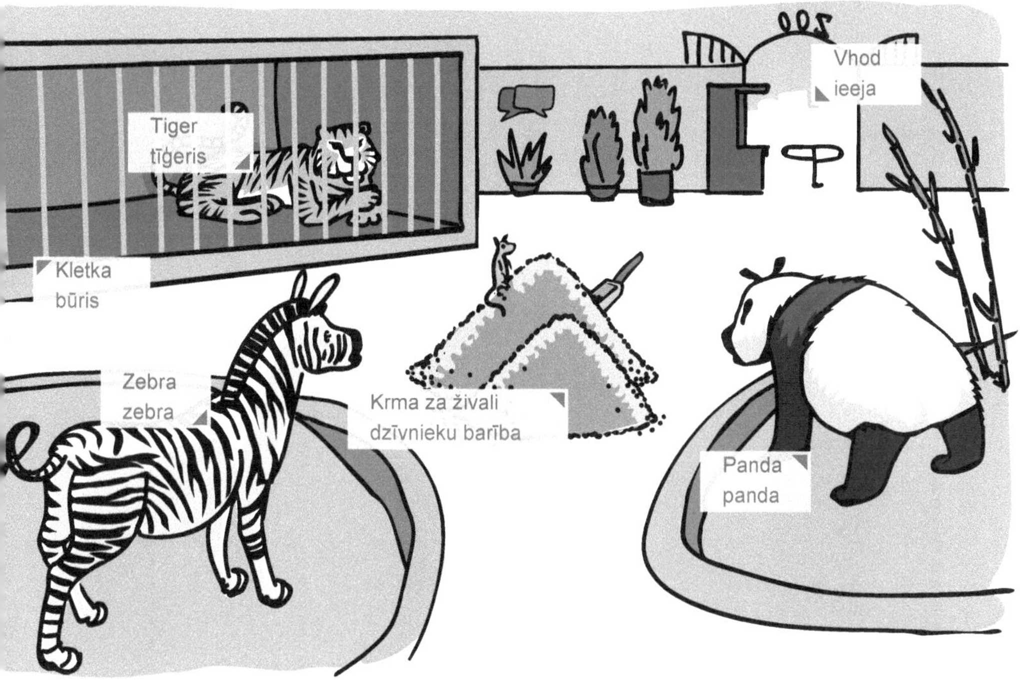
Vhod
ieeja
Tiger
tīģeris
Kletka
būris
Zebra
zebra
Krma za živali
dzīvnieku barība
Panda
panda

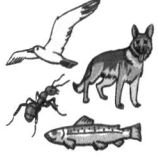

Živali

dzīvnieki

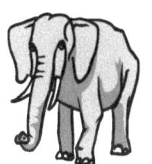

Slon

zilonis

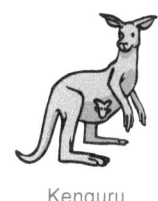

Kenguru

ķengurs

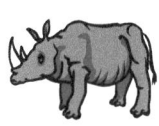

Nosorog

degunradzis

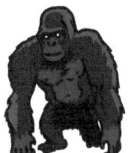

Gorila

gorilla

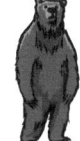

Medved

lācis

Kamela

kamielis

Noj

strauss

Lev

lauva

Opica

pērtiķis

Plamenec

flamings

Papagaj

papagailis

Severni medved

polārlācis

Pingvin

pingvīns

Morski pes

haizivs

Pav

pāvs

Kača

čūska

Krokodil

krokodils

Oskrbnik v živalskem vrtu

zoodārza sargs

Tjulenj

ronis

Jaguar

jaguārs

Poni	Leopard	Povodni konj
ponijs	leopards	nīlzirgs

Žirafa	Orel	Divji prašič
žirafe	ērglis	meža cūka

Riba	Želva	Mrož
zivs	bruņurupucis	valzirgs

Lisica	Gazela	
lapsa	gazele	

Ameriški nogomet
amerikāņu futbols

Kolesarjenje
riteņbraukšana

Tenis
teniss

Košarka
basketbols

Plavanje
peldēšana

Boks
bokss

Hokej
hokejs

Nogomet
futbols

Badminton
badmintons

Atletika
vieglatlētika

Rokomet
rokas bumba

Smučanje
slēpošana

Polo
polo

Dejavnosti
darbības

Smejati se
smieties
Skočiti
lēkt
Objeti
apskaut
Hoditi
iet
Peti
dziedāt
Sanjati
sapņot
Moliti
lūgt
Poljubiti
skūpstīt

A

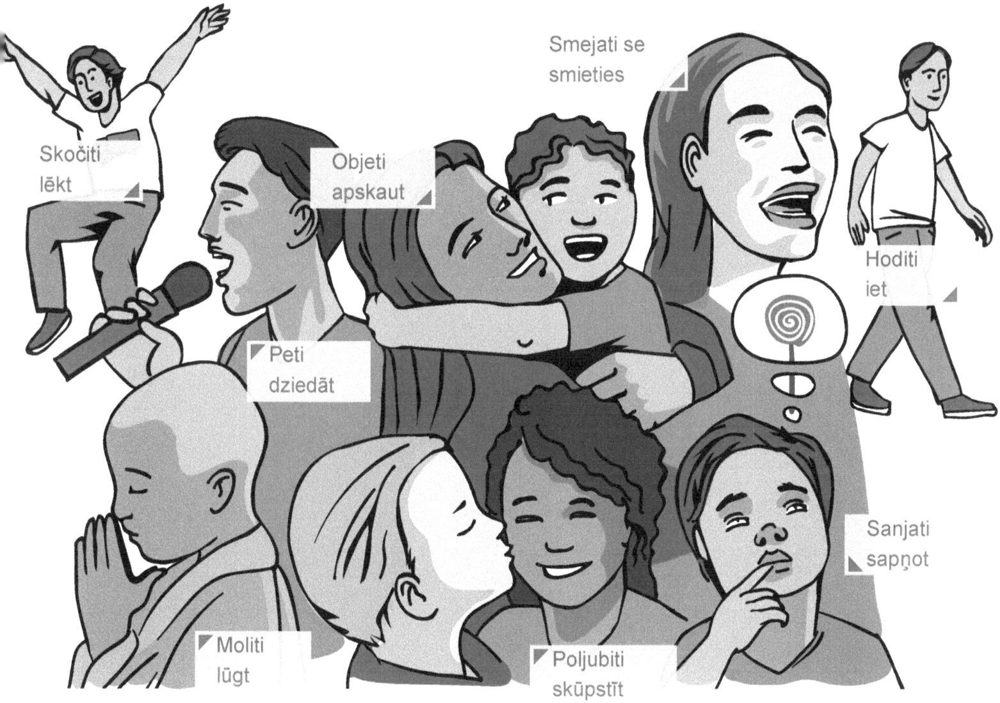

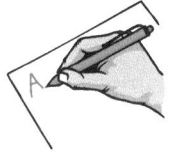

Pisati
rakstīt

Risati
zīmēt

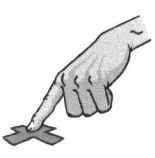

Pokazati
rādīt

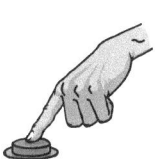

Potisniti
spiest

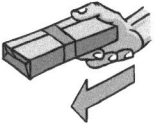

Dati
dot

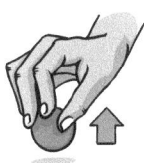

Vzeti
ņemt

Imeti

būt

Narediti

darīt

Biti

būt

Stati

stāvēt

Teči

skriet

Vleči

vilkt

Vreči

mest

Pasti

krist

Ležati

gulēt

Čakati

gaidīt

Nositi

nest

Sedeti

sēdēt

Obleči se

uzģērbt

Spati

gulēt

Zbuditi se

pamosties

Gledati

skatīties

Jokati

raudāt

Božati

glāstīt

Česati se

ķemmēt

Govoriti

runāt

Razumeti

saprast

Vprašati

jautāt

Poslušati

dzirdēt

Piti

dzert

Jesti

ēst

Pospraviti

sakārtot

Ljubiti

mīlēt

Kuhati

vārīt

Voziti

braukt

Leteti

lidot

Jadrati

burot

Računanje

rēķināt

Brati

lasīt

Učiti se

mācīties

Delati

strādāt

Poročiti se

precēties

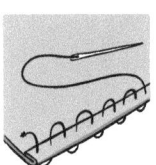

Šivati

šūt

Ščetkati si zobe

tīrīt zobus

Ubiti

nogalināt

Kaditi

smēķēt

Poslati

sūtīt

Družina
ģimene

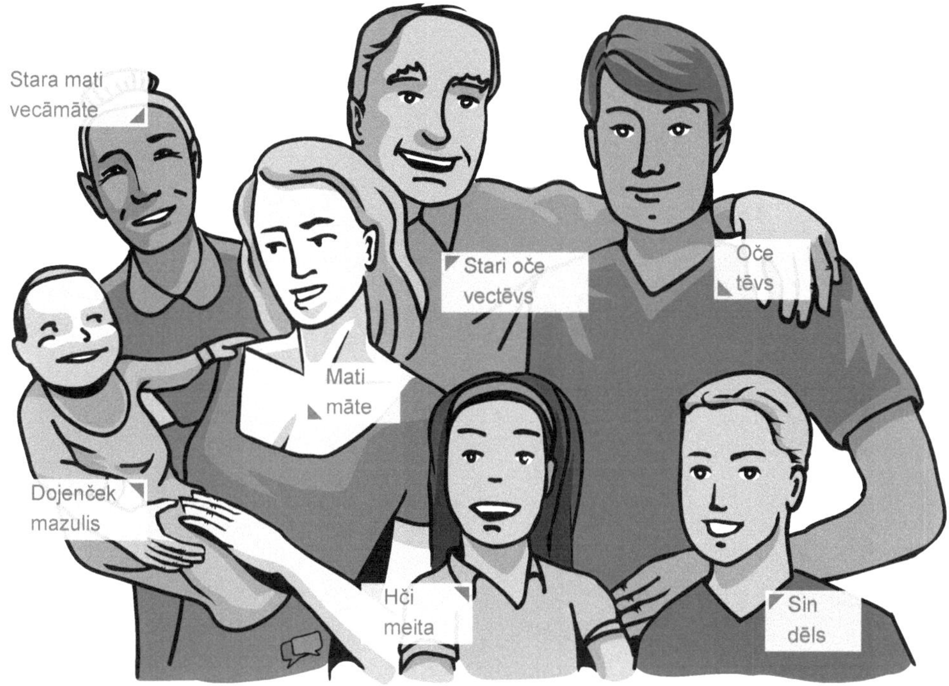
Stara mati
vecāmāte
Stari oče
vectēvs
Oče
tēvs
Mati
māte
Dojenček
mazulis
Hči
meita
Sin
dēls

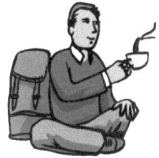

Gost
viesis

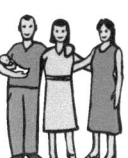

Teta
tante

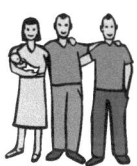

Stric
onkulis

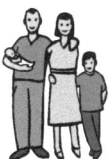

Brat
brālis

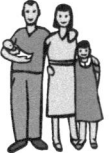

Sestra
māsa

Telo

ķermenis

Čelo
piere
Oko
acs
Rama
plecs
Prst
pirksts
Obraz
seja
Brada
zods
Dlan
roka
Noga
kāja
Prsi
krūtis
Roka
roka

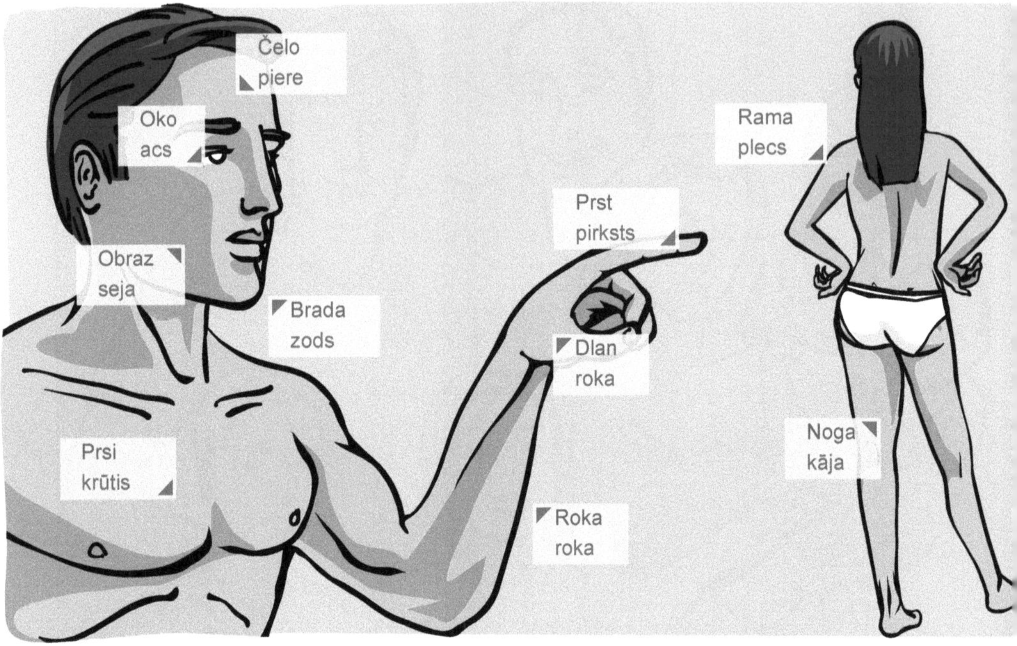

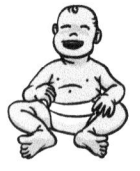

Dojenček

mazulis

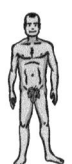

Človek

vīrietis

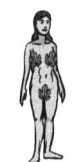

Ženska

sieviete

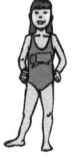

Dekle

meitene

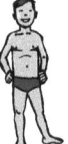

Fant

zēns

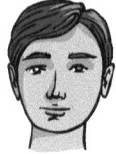

Glava

galva

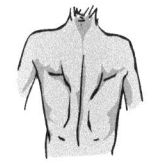

Hrbet

mugura

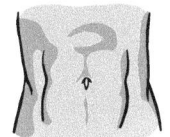

Trebuh

vēders

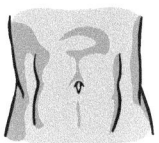

Popek

naba

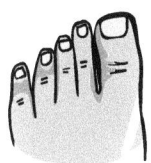

Prst na nogi

kājas pirksts

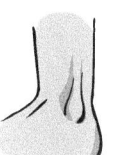

Peta

papēdis

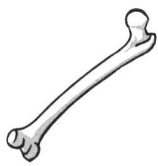

Kost

kauls

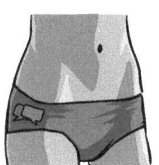

Kolk

gurns

Koleno

celis

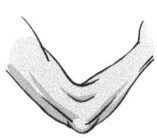

Komolec

elkonis

Nos

deguns

Zadnjica

dibens

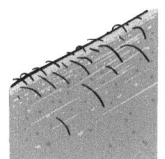

Koža

āda

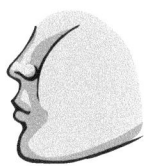

Lice

vaigs

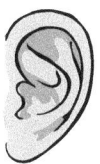

Uho

auss

Ustnica

lūpa

	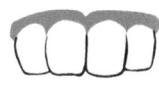	
Usta	Zob	Jezik
mute	zobs	mēle
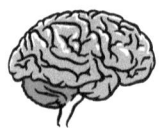		
Možgani	Srce	Mišica
smadzenes	sirds	muskulis
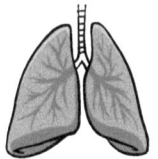		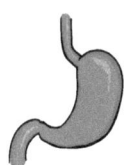
Pljuča	Jetra	Želodec
plaušas	aknas	kuņģis
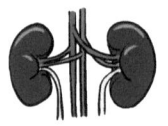		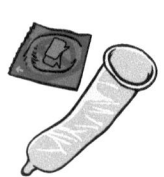
Ledvice	Spolni odnos	Kondom
nieres	dzimumakts	kondoms
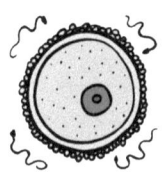		
Jajčece	Semenska tekočina	Nosečnost
olšūna	sperma	grūtniecība

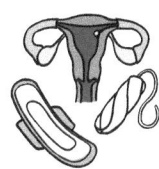

Menstruacija

menstruācijas

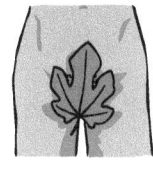

Vagina

vagīna

Penis

penis

Obrv

uzacs

Lasje

mati

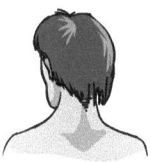

Vrat

kakls

Bolnišnica
slimnīca

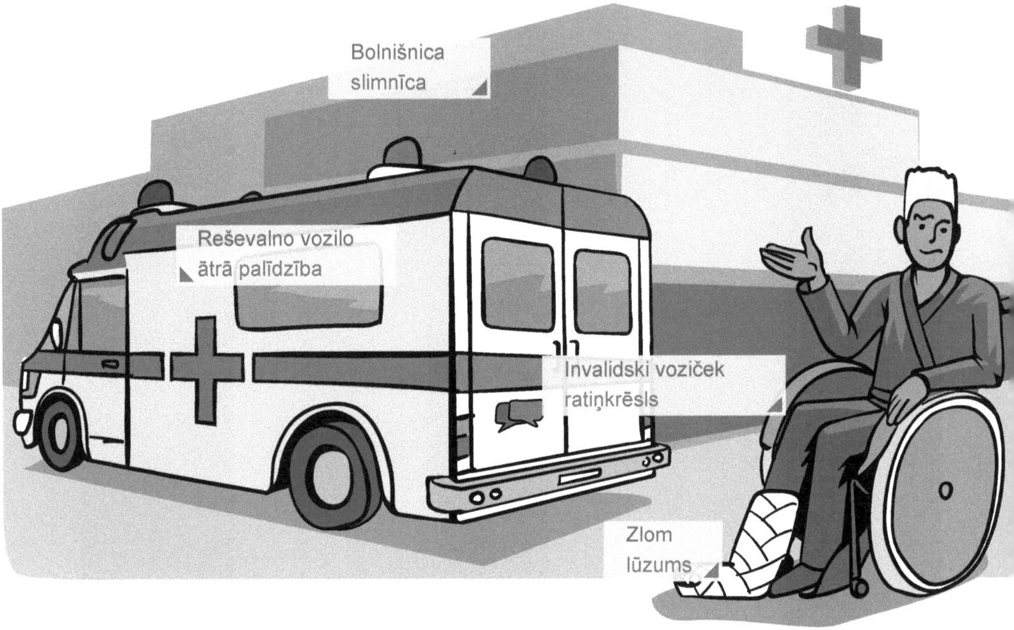

Bolnišnica
slimnīca
Reševalno vozilo
ātrā palīdzība
Invalidski voziček
ratiņkrēsls
Zlom
lūzums

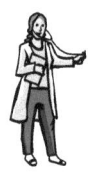

Zdravnik

ārsts

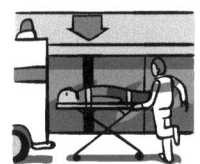

Urgenca

neatliekamās palīdzības nodaļa

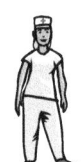

Medicinska sestra

medmāsa

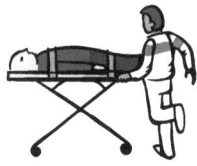

Nujni primer

ārkārtas gadījums

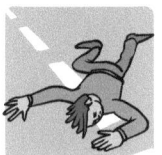

Nezavesten

paģībis

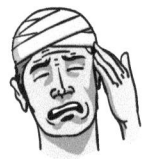

Bolečina

sāpes

Poškodba

ievainojums

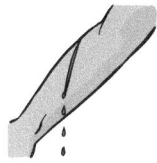

Krvavenje

asiņošana

Srčni infarkt

sirdslēkme

Kap

insults

Alergija

alerģija

Kašelj

klepus

Vročina

temperatūra

Gripa

gripa

Driska

caureja

Glavobol

galvassāpes

Rak

vēzis

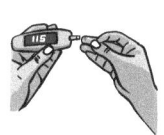

Sladkorna bolezen

diabēts

Kirurg

ķirurgs

Skalpel

skalpelis

Operacija

operācija

CT
datortomogrāfija

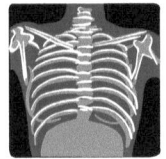

Rentgen
rentgents

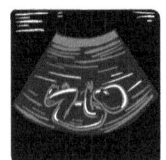

Ultrazvok
ultraskaņa

Obrazna maska
sejas maska

Bolezen
slimība

Čakalnica
uzgaidāmā telpa

Bergla
kruķis

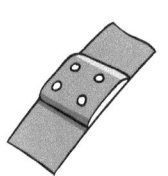

Obliž
plāksteris

Preveza
apsējs

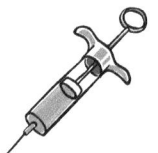

Injekcija
injekcija

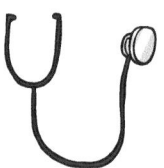

Stetoskop
stetoskops

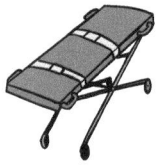

Nosila
nestuves

Klinični termometer
termometrs

Porod
dzemdības

Prekomerna teža
liekais svars

Slušni pripomoček

dzirdes aparāts

Razkužilo

dezinfekcijas līdzeklis

Okužba

infekcija

Virus

vīruss

HIV / AIDS

HIV / AIDS

Medicina

zāles

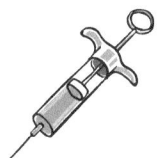

Cepljenje

pote

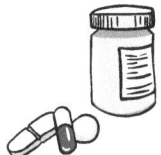

Tablete

tabletes

Tableta

pretapaugļošanās tablete

Klic v sili

ārkārtas izsaukums

Merilnik krvnega tlaka

asinsspiediena mērītājs

bolano / zdravo

slims / vesels

Na pomoč!

Palīgā!

Alarm

trauksme

Napad

uzbrukums

Napad

uzbrukums

Nevarnost

bīstamība

Izhod v sili

avārijas izeja

Gori!

Uguns!

Gasilni aparat

ugunsdzēšamais aparāts

Nezgoda

negadījums

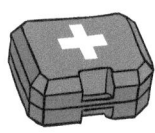

Komplet za prvo pomoč

pirmās palīdzības aptieciņa

SOS

SOS

Policija

policija

Evropa

Eiropa

Severna Amerika

Ziemeļamerika

Južna Amerika

Dienvidamerika

Afrika

Āfrika

Azija

Āzija

Avstralija

Austrālija

Atlantski ocean

Atlantijas okeāns

Tihi ocean

Klusais okeāns

Indijski ocean

Indijas okeāns

Južni ocean

Dienvidu okeāns

Arktični ocean

Ziemeļu ledus okeāns

Severni tečaj

Ziemeļpols

Južni tečaj

Dienvidpols

Antarktika

Antarktika

Zemlja

zeme

Kopno

zeme

Morje

jūra

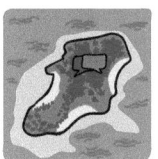

Otok

sala

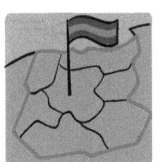

Narod

nācija

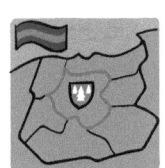

Država

valsts

Številčnica

ciparnīca

Urni kazalec

stundu rādītājs

Minutni kazalec

minūšu rādītājs

Sekundni kazalec

sekunžu rādītājs

Koliko je ura?

Cik ir pulkstenis?

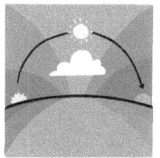

Dan

diena

Čas

laiks

Zdaj

tagad

Digitalna ura

digitālais pulkstenis

Minuta

minūte

Ura

stunda

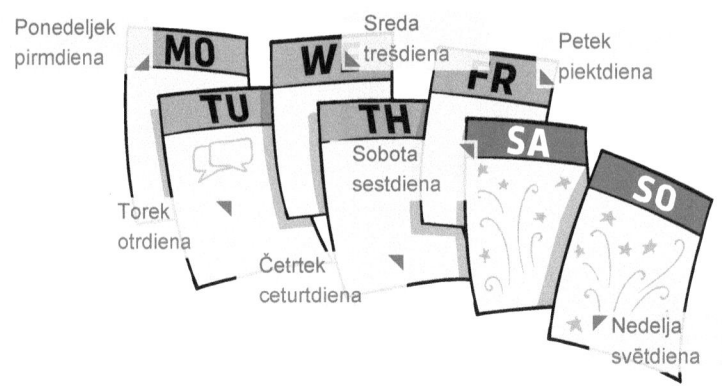

Ponedeljek
pirmdiena

Sreda
trešdiena

Petek
piektdiena

Torek
otrdiena

Četrtek
ceturtdiena

Sobota
sestdiena

Nedelja
svētdiena

Včeraj

vakardien

Danes

šodien

Jutri

rītdien

Jutro

rīts

Poldne

pusdienlaiks

Večer

vakars

MO	TU	WE	TH	FR	SA	SU
1	2	3	4	5	6	7
8	9	10	11	12	13	14
15	16	17	18	19	20	21
22	23	24	25	26	27	28
29	30	31	1	2	3	4

Delovni dnevi

darbadienas

MO	TU	WE	TH	FR	SA	SU
1	2	3	4	5	6	7
8	9	10	11	12	13	14
15	16	17	18	19	20	21
22	23	24	25	26	27	28
29	30	31	1	2	3	4

Konec tedna

brīvdienas

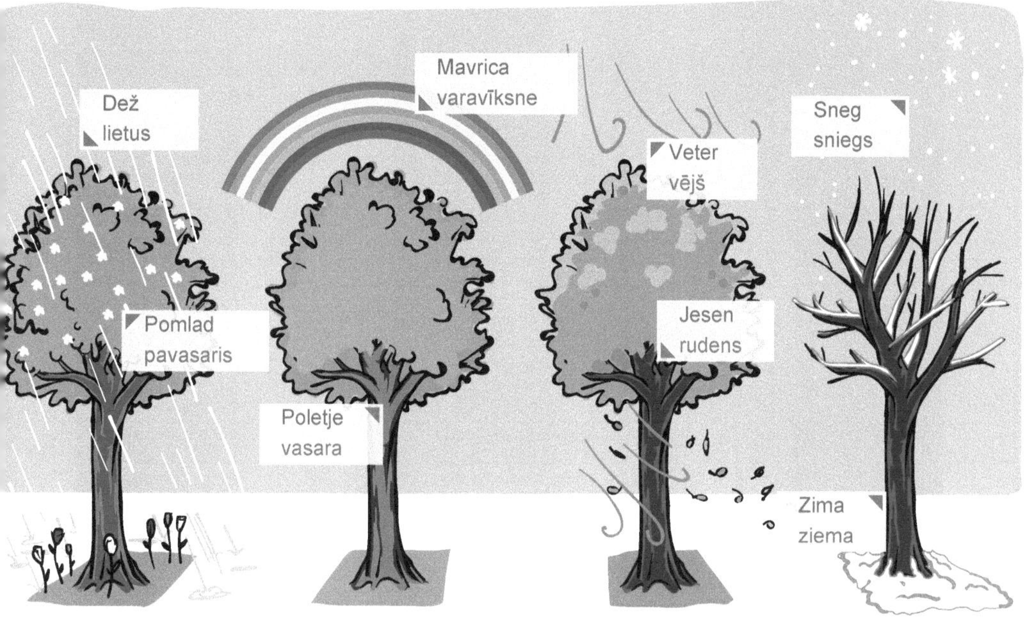

Dež
lietus

Mavrica
varavīksne

Veter
vējš

Sneg
sniegs

Pomlad
pavasaris

Jesen
rudens

Poletje
vasara

Zima
ziema

Vremenska napoved

laika prognoze

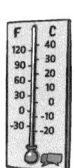

Termometer

termometrs

Sončna svetloba

saules gaisma

Oblak

mākonis

Megla

migla

Vlažnost

gaisa mitrums

Strela
....
zibens

Grom
....
pērkons

Nevihta
....
vētra

Toča
....
krusa

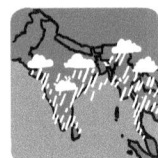

Monsun
....
musons

Poplava
....
plūdi

Led
....
ledus

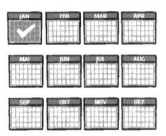

Januar
....
janvāris

Februar
....
februāris

Marec
....
marts

April
....
aprīlis

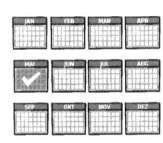

Maj
....
maijs

Junij
....
jūnijs

Julij
....
jūlijs

Avgust
....
augusts

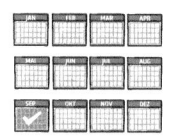

September
....
septembris

Oktober
....
oktobris

November
....
novembris

December
....
decembris

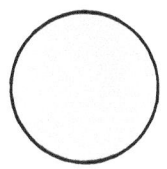

Krogla
....
aplis

Kvadrat
....
kvadrāts

Pravokotnik
....
četrstūris

Trikotnik
....
trīsstūris

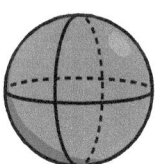

Krogla
....
lode

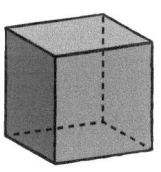

Kocka
....
kubs

Bela

balts

Rumena

dzeltens

Oranžna

oranžs

Rožnata

sārts

Rdeča

sarkans

Vijolična

lillā

Modra

zils

Zelena

zaļš

Rjava

brūns

Siva

pelēks

Črna

melns

veliko / malo

daudz / maz

jezno / umirjeno

saniknots / miermīlīgs

lepo / grdo

skaists / neglīts

začetek / konec

sākums / beigas

veliko / majhno

liels / mazs

svetlo / temno

gaišs / tumšs

brat / sestra

brālis / māsa

čisto / umazano

tīrs / netīrs

popolno / nepopolno

pilnīgs / nepilnīgs

dan / noč

diena / nakts

mrtvo / živo

miris / dzīvs

široko / ozko

plats / šaurs

užitno / neužitno

baudāms / nebaudāms

zlobno / prijazno

nikns / laipns

vznemirjeno / zdolgočaseno

satraukts / garlaikots

debelo / vitko

resns / tievs

prvo / zadnje

pirmais /pēdējais

prijatelj / sovražnik

draugs / ienaidnieks

polno / prazno

pilns / tukšs

trdo / mehko

ciets / mīksts

težko / lahko

smags / viegls

lakota / žeja

izsalkums / slāpes

bolano / zdravo

slims / vesels

nezakonito / zakonito

nelegāls / legāls

pametno / neumno

inteliģents / dumjš

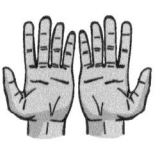

levo / desno

kreisais / labais

blizu / daleč

tuvu / tālu

novo / rabljeno

jauns / lietots

nič / nekaj

nekas / kaut kas

staro / mlado

vecs / jauns

vklopljeno / izklopljeno

ieslēgts / izslēgts

odprto / zaprto

atvērts / slēgts

tiho / glasno

kluss / skaļš

bogato / revno

bagāts / nabags

prav / narobe

pareizi / nepareizi

grobo / gladko

raupjš / gluds

žalostno / veselo

noskumis / laimīgs

kratko / dolgo

īss / garš

počasi / hitro

lēns / ātrs

mokro / suho

slapjš / sauss

toplo / hladno

silts / vēss

vojna / mir

karš / miers

0	**1**	**2**
Ničla	Ena	Dva
nulle	viens	divi

3	**4**	**5**
Tri	Štiri	Pet
trīs	četri	pieci

6	**7**	**8**
Šest	Sedem	Osem
seši	septiņi	astoņi

9	**10**	**11**
Devet	Deset	Enajst
deviņi	desmit	vienpadsmit

12

Dvanajst

divpadsmit

13

Trinajst

trīspadsmit

14

Štirinajst

četrpadsmit

15

Petnajst

piecpadsmit

16

Šestnajst

sešpadsmit

17

Sedemnajst

septiņpadsmit

18

Osemnajst

astoņpadsmit

19

Devetnajst

deviņpadsmit

20

Dvajset

divdesmit

100

Sto

simts

1.000

Tisoč

tūkstotis

1.000.000

Milijon

miljons

Angleščina

anglu

Ameriška angleščina

amerikāņu angļu

Mandarinščina

ķīniešu mandarīnu valoda

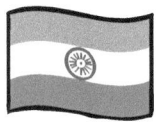

Hindujščina

hindi

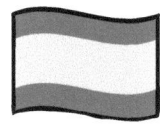

Španščina

spāņu

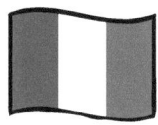

Francoščina

franču

Arabščina

arābu

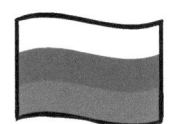

Ruščina

krievu

Portugalščina

portugāļu

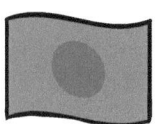

Bengalščina

bengāļu

Nemščina

vācu

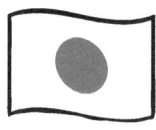

Japonščina

japāņu

Jaz
es

Ti
tu

On / ona / tisto
viņš / viņa

Mi
mēs

Vi
jūs

Oni
viņi / viņas

Kdo?
kas?

Kaj?
ko?

Kako?
kā?

Kje?
kur?

Kdaj?
kad?

Ime
vārds

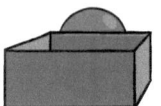

Zadaj

aiz

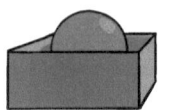

V

iekšā

Pred

priekšā

Nad

virs

Na

uz

Pod

zem

Poleg

blakus

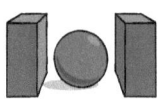

Med

starp

Kraj

vieta